¡Conocimiento a tope!

Asuntos matemáticos

Construyo con formas

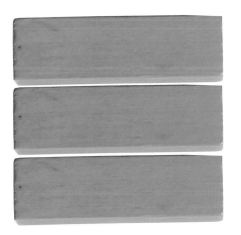

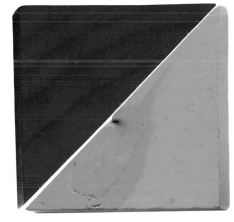

Adrianna Morganelli

Traducción de Pablo de la Vega

CRABTREE
PUBLISHING COMPANY
WWW.CRABTREEBOOKS.COM

Objetivos específicos de aprendizaje:
Los lectores:

- Identificarán formas familiares y describirán sus características.
- Explicarán cómo las formas pueden ser acomodadas para crear nuevas formas.
- Harán preguntas sobre las ideas presentadas en el libro y las responderán al examinar formas familiares.

Palabras de uso frecuente (primer grado) es, está, hacer, hecho, puede, tiene, un, una, ves	**Vocabulario académico** armar, círculo, cuadrado, domo, esquina, forma, lado, longitud, rectángulo, triángulo, unidas

Estímulos antes, durante y después de la lectura:

Activa los conocimientos previos y haz predicciones:
Pide a los niños que lean el título y miren las imágenes de la tapa y la portada. Pregúntales:

- ¿Qué formas ves en las imágenes?
- ¿Ves esas formas en el aula? ¿Dónde? (Motívalos a señalar las formas usando oraciones como: «El escritorio tiene forma de rectángulo»).

Durante la lectura:
Después de leer las páginas 16 y 17, pon en práctica una actividad de preguntas y respuestas sobre ideas contenidas en el texto. Pregunta:

- ¿Qué quiere decir unir formas?

- ¿Qué formas unidas crean la forma de la página 16?
- ¿Cuántas formas unidas ves en el jardín de juegos de la página 17?

Después de la lectura:
Haz un cartel didáctico que tenga una tabla de cuatro columnas: una para el cuadrado, otra para el círculo, otra para el triángulo y otra para el rectángulo. Llena cada columna con un dibujo de la forma, el número de esquinas y lados y cualquier otra característica distintiva.

Pide a los niños que den un paseo por el aula o la escuela y encuentren objetos con cada una de las formas. Pide que compartan sus hallazgos. Agrega los nombres de los objetos en cada columna del cartel didáctico.

Author: Adrianna Morganelli

Series development: Reagan Miller

Editor: Janine Deschenes

Proofreader: Melissa Boyce

STEAM notes for educators:
Reagan Miller and Janine Deschenes

Guided reading leveling: Publishing Solutions Group

Cover and interior design: Samara Parent

Photo research: Janine Deschenes and Samara Parent

Print coordinator: Katherine Berti

Translation to Spanish: Pablo de la Vega

Edition in Spanish: Base Tres

Photographs:
iStock: Bigpra: p. 12; Zabavna: p. 13 (top right)
All other photographs by Shutterstock

Library and Archives Canada Cataloguing in Publication

Title: Construyo con formas / Adrianna Morganelli ;
traducción de Pablo de la Vega.
Other titles: Building with shapes. Spanish
Names: Morganelli, Adrianna, 1979- author. | Vega, Pablo de la, translator.
Description: Series statement: ¡Conocimiento a tope! Asuntos matemáticos
| Translation of: Building with shapes. | Includes index. |
Text in Spanish.
Identifiers: Canadiana (print) 20200299832 |
Canadiana (ebook) 20200299840 |
ISBN 9780778783640 (hardcover) |
ISBN 9780778783800 (softcover) |
ISBN 9781427126399 (HTML)
Subjects: LCSH: Shapes—Juvenile literature. | LCSH: Geometry—
Juvenile literature.
Classification: LCC QA445.5 .M6718 2021 | DDC j516/.15—dc23

Library of Congress Cataloging-in-Publication Data

Names: Morganelli, Adrianna, 1979- author.
Title: Construyo con formas / Adrianna Morganelli ;
traducción de Pablo de la Vega.
Other titles: Building with shapes. Spanish
Description: New York : Crabtree Publishing Company, 2021. |
Series: ¡conocimiento a tope! - asuntos matemáticos | Includes index.
Identifiers: LCCN 2020033073 (print) |
LCCN 2020033074 (ebook) |
ISBN 9780778783640 (hardcover) |
ISBN 9780778783800 (paperback) |
ISBN 9781427126399 (ebook)
Subjects: LCSH: Shapes--Juvenile literature. | Geometry--Juvenile literature.
Classification: LCC QA445.5 .M6718 2021 (print) | LCC QA445.5 (ebook)
| DDC 516/.154--dc23

Printed in the U.S.A./102020/CG20200914

Índice

Crabtree Publishing Company
www.crabtreebooks.com   1-800-387-7650

Copyright © **2021 CRABTREE PUBLISHING COMPANY**. All rights reserved. No part of this publication may be reproduced, stored in a retrieval system or be transmitted in any form or by any means, electronic, mechanical, photocopying, recording, or otherwise, without the prior written permission of Crabtree Publishing Company. In Canada: We acknowledge the financial support of the Government of Canada through the Canada Book Fund for our publishing activities.

Published in Canada
Crabtree Publishing
616 Welland Ave.
St. Catharines, Ontario
L2M 5V6

Published in the United States
Crabtree Publishing
347 Fifth Ave
Suite 1402-145
New York, NY 10016

Published in the United Kingdom
Crabtree Publishing
Maritime House
Basin Road North, Hove
BN41 1WR

Published in Australia
Crabtree Publishing
Unit 3 – 5 Currumbin Court
Capalaba
QLD 4157

Formas del sándwich

Suena la campana del almuerzo. María abre su lonchera. Saca un sándwich. «Tu sándwich parece un cuadrado», dice Julián.

Un cuadrado es una **forma**. Tiene cuatro **esquinas**. Tiene cuatro **lados**. Cada lado tiene la misma **longitud**.

A Julián, su papá le corta el sándwich por la mitad. Toma un pedazo. «Tu sándwich parece un triángulo», dice María riendo.

Un triángulo también es una forma.
Tiene tres esquinas. Tiene tres lados.

Círculos en el aula

Julián mira el reloj en la pared. «Ya casi acaba el almuerzo», dice. El reloj tiene otra forma. Es un círculo.

Un círculo es una forma redonda.
No tiene lados ni esquinas.

El grupo de amigos mira el aula buscando más círculos. ¿Los puedes encontrar?

Las galletas de Elena son círculos. Los botones de la camisa de Jordan también son círculos. ¿Qué otros círculos ves?

Uniendo formas

Podemos **unir** formas para **armar** o hacer formas nuevas. Un cuadrado puede estar hecho de dos triángulos.

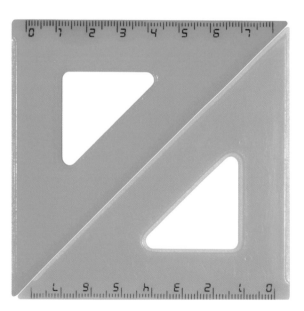 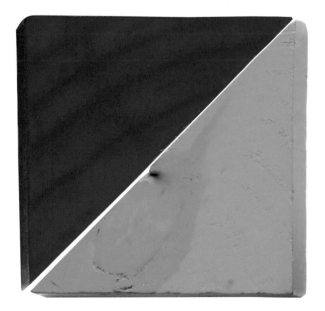

Encuentra los cuadrados en las imágenes de arriba. Encuentra los triángulos.

Dos cuadrados pueden hacer un rectángulo. Un rectángulo es una forma con cuatro esquinas y cuatro lados. Dos lados son cortos. Dos son largos.

Encuentra los cuadrados en las imágenes de arriba. Encuentra los rectángulos.

Encuentra las formas

Ayuda a María y a Julián a encontrar las formas en el aula. ¿Cuántos cuadrados ves? ¿Cuántos círculos, rectángulos y triángulos?

Estos objetos del aula están hechos de más de una forma. Las formas ayudan al objeto a funcionar como debe.

Esta pizarra está hecha de rectángulos y triángulos. Los rectángulos proporcionan espacio para escribir. Los triángulos permiten que se sostenga.

¿De qué formas está hecho este banco? ¿Por qué estas formas hacen del banco un buen lugar para sentarse?

Formas del jardín de juegos

Los amigos van al jardín de juegos después del almuerzo. Buscan formas. María y Julián corren hacia los columpios. «¡Veo triángulos y rectángulos en los columpios!», dice María.

¿Cuántos triángulos ves en los columpios?
¿Cuántos rectángulos ves en los columpios?

Ayuda a María y a Julián a encontrar cuadrados, círculos, rectángulos y triángulos en el jardín de juegos.

Usando las formas

Julián se pasea en bicicleta en el jardín de juegos. Las ruedas de su bicicleta tienen forma de círculo. Los círculos son redondos y se mueven suavemente sobre el suelo.

¿Una bicicleta con ruedas cuadradas se movería suavemente?

ruedas

Las formas pueden ser útiles de distintas maneras.

Los ladrillos tienen forma de rectángulo. Los rectángulos tienen lados rectos que les permiten ser apilados uno encima de otro.

Una cuchara tiene forma de óvalo. Su forma le permite caber en tu boca.

Formas nuevas

Podemos unir dos formas o más para crear formas nuevas. María y Julián exploran el jardín de juegos. Buscan formas unidas que crean formas nuevas.

Los triángulos de este **domo** crean formas nuevas al ser unidos. ¿Ves las formas nuevas?

¿Qué formas están unidas para crear este edificio escolar?

Este jardín de juegos tiene muchas formas unidas. Los cuadrados de la alfombra de juegos crean cuadrados y rectángulos más grandes. ¿Qué otras formas unidas ves?

Desármalo

Podemos desarmar una forma para ver las formas más pequeñas de las que está hecha.

Esta escalera tiene la forma de un gran rectángulo. ¡Está hecha de muchos rectángulos pequeños! Si desarmamos la escalera, encontraríamos seis rectángulos más pequeños.

¿Cuántos cuadrados podrás encontrar si desarmas esta forma? ¿Cuántos rectángulos?

¿Qué formas encontrarías si desarmaras estos columpios?

¿Qué forma es esa?

De vuelta en el aula, Julián y María trabajan con bloques de formas. Desarman las formas. Crean formas nuevas.

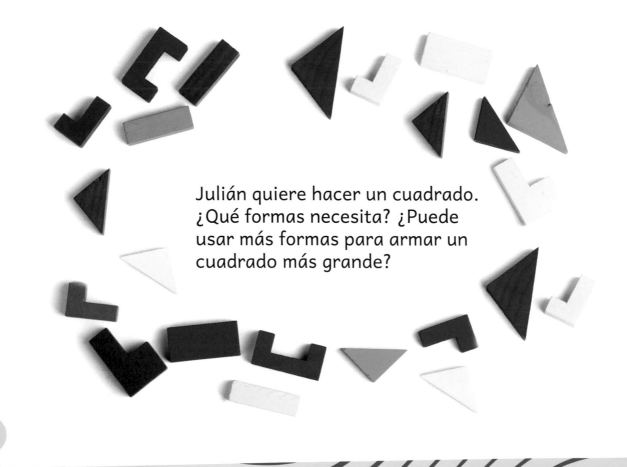

Julián quiere hacer un cuadrado. ¿Qué formas necesita? ¿Puede usar más formas para armar un cuadrado más grande?

María tiene cuatro triángulos.
¿Puede armar un rectángulo?

Ayuda a María y a Julián a desarmar este gran rectángulo. ¿Cuántos rectángulos, cuadrados y triángulos tuvieron que ser unidos para construirlo? ¿Podrías armar el rectángulo de otra manera?

Palabras nuevas

armar: verbo.
Unir partes para
construir algo.

domo: sustantivo.
Una estructura en
forma de media pelota.

esquinas: sustantivo.
Los lugares donde se
encuentran los lados.

forma: sustantivo.
La manera en que está
organizada una cosa o
la manera como se
ve, por ejemplo: un
cuadrado, que tiene
cuatro lados iguales.

lados: sustantivo.
Líneas o superficies
que conforman la parte
exterior de una forma.

longitud: sustantivo.
La distancia que hay
entre los extremos de
una cosa.

unir: verbo. Juntar
una cosa con otra.

Un sustantivo es una persona,
lugar o cosa.

Un verbo es una palabra que
describe una acción que hace
alguien o algo.

Un adjetivo es una palabra que
te dice cómo es alguien o algo.

Índice analítico

Sobre la autora

Adrianna Morganelli es una editora y escritora que ha trabajado en una innumerable cantidad de libros de Crabtree Publishing. Actualmente está escribiendo una novela para niños.

Para explorar y aprender más, ingresa el código de abajo en el sitio de Crabtree Plus.

www.crabtreeplus.com/fullsteamahead

(página en inglés)

Tu código es:
fsa20

Notas de STEAM para educadores

¡Conocimiento a tope! es una serie de alfabetización que ayuda a los lectores a desarrollar su vocabulario, fluidez y comprensión al tiempo que aprenden ideas importantes sobre las materias de STEAM. *Construyo con formas* presenta un texto claro e imágenes resaltadas para identificar formas en el mundo real. La actividad STEAM de abajo ayuda a los lectores a expandir las ideas del libro para el desarrollo de habilidades matemáticas y artísticas.

Formas de arte en dos dimensiones

Los niños lograrán:
- Unir formas para completar rompecabezas.
- Añadir colores y patrones para crear rompecabezas artísticos.

Materiales
- Piezas de un rompecabezas en dos dimensiones.
- Hojas de trabajo de formas en el arte.
- Ejemplo completo de formas en el arte.
- Lápiz para hacer trazos y crayones o lápices de colores.
- Cuadrados en dos dimensiones, triángulos y rectángulos recortados de hojas de papel grueso (el educador deberá recortar un juego de piezas de rompecabezas para cada niño).

Guía de estímulos
Después de leer *Construyo con formas*, pregunta:
- ¿Qué formas fueron mencionadas en el libro? Haz una lista de lo que respondan.
- ¿Cómo se unen las formas para crear formas nuevas? Den algunos ejemplos.

Actividades de estímulo
Da a cada niño una bolsa con formas recortadas en papel grueso. Esta actividad también puede ser completada usando bloques en segunda dimensión. Cada niño deberá tener:
- 8 triángulos grandes, 10 triángulos pequeños, 4 cuadrados grandes, 8 cuadrados pequeños, 8 rectángulos.

Explica a los niños que usarán las formas para resolver los rompecabezas ¡y crear arte!

Da a cada niño hojas de trabajo de formas en el arte. Estas hojas de trabajo son variaciones de los rompecabezas de tángram que usan formas del libro *Construyo con formas*. Explica a los niños que deberán colocar las formas de manera que quepan dentro de los contornos grandes.
- Una vez que el niño haya resuelto los tres rompecabezas, corrobora que lo haya hecho correctamente.

Cuando los rompecabezas estén correctos, los niños podrán crear arte. Adapta estos pasos para los niños:
1. Escoge un rompecabezas para tu arte. Deja las formas en el rompecabezas.
2. Traza las formas con un lápiz.
3. Retira las formas del rompecabezas.
4. Colorea las formas trazadas. Usa colores y patrones diferentes. ¡Haz de tu arte algo único!

Invita a los niños a compartir su arte con el compañero sentado a su lado. Expón el arte en el aula.

Extensiones
Motiva a los niños a repetir la actividad organizando las formas de otra manera.

Para ver y descargar las hojas de trabajo, visita **www.crabtreebooks.com/resources/printables** o **www.crabtreeplus.com/fullsteamahead** (páginas en inglés) e ingresa el código **fsa20**.